幸せを呼ぶ

花《はな》風《ふう》水《すい》

華道家 宮内孝之

自由国民社

花から学ぶ

花は、咲かないことを恐れるのだ。

だから、花は、どんな環境でも咲くことをめざす。

この生命力は、花たちの精神に息づいている。

だからこそ、人は、花に学び、自身が、「何者」であるかを悟れば、

どんな環境でも、自身の花を咲かせることが、できるのだ。

日本オーガニックフラワー協会

華道家　中島 弘華

はじめに

「幸せへの道は、植物が知っている」。

10代で花業界に入り、この思いを30年以上持ち続けています。

おかげさまで、自分の飾った花で多くの人に喜んでいただくことができています。

それでもいつしか、花を飾って

「キレイですね」

と喜んでもらうだけではなく、もっとお客さまが喜んでくれるようなアドバイスができたら、もっと花を飾ることを楽しんでもらえるのでは……そう考えるようになりました。

私は、花と緑でお客さまの笑顔を演出する仕事を通じて、一人でも多くの方に花や緑に囲まれた毎日を送っていただきたいと思っています。

ご挨拶がおくれました。

花で飾ると書いて**『花《はな》・飾《しょく》・人《にん》 宮内孝之』**と申します。

この本を手にとっていただいてありがとうございます。

最後にはみなさんの心も「幸せの花」で飾りますので、どうかお付き合いください。

大都会に生きる私たちは、自然との触れ合いから遠ざかっています。
周りを見渡せば、コンクリートと化学物質のオンパレード。
デジタルに囲まれた現代社会。
本当にこのままでいいのでしょうか？

文明の発達と共に生活環境を飛躍させるべく、人間は山を切り開き、花や緑をコンクリートジャングルへ変えてきました。
確かに、生活は豊かになりましたが、本来人間が持つ優しさが薄れつつあります。

花が咲き、緑のある場所には、人々が集まります。
人は自然に触れたいのです。
それは人間のＤＮＡに刻まれた本能です。

また街に花、緑が増えると安心感が増し、治安もよくなるといいます。
みんなで「花の美しい街づくり」に向けて行動し、日本が「心の笑顔」を提供できる国になるといいですね。

＊　＊　＊

皆さま、桜の花はお好きですか？
春になると約10日間、最高の笑顔を提供しますね。気持ちいいですよね！
でも残りの355日間、桜をご覧になっていますか？

僕は、夏の桜が大好きです。
風にも負けず、雨にも負けず、最高の笑顔を生み出す、新しいスタートです。
これは、人生と一緒です。

花と関わることで、内面が美しくなり、人生が変わります。

ぜひ、花に話しかけてみてください。

花に感動しないでいると、華のない人生になってしまいます。
成功する人は常に自然に感謝し情熱的です。だから本当の成功者になります。

今日、お出かけの帰りに1本の花を買ってみてください。
その花はどんなイメージか、想像してみてください。
あなたの人生が変わります。幸せの始まりです。

*　*　*

花が1輪あるだけで、「キレイだね」という会話が生まれます。


この会話が心の余裕につながります。

花は気持ちだけでなく、空気も変えてくれます。

「気」を変えてくれるのです。

苦しみ、悩んでいる方、うつ病の方にお伝えしたいことがあります。

まずは1本の花を飾ってみてください。

「すぐに枯れる」

とおっしゃるかもしれませんが、その花は枯れるときに、悪い気を吸って、いい空気を出してくれています。

花が、あなたのために枯れる。それは、いいことなのです。


「花を飾っても、すぐ枯れてしまいます。どうしたらいいですか?」

という質問をよく受けます。

実は、風水的には花が枯れることは悪いことではありません。

家の中の「悪い気」を花が吸い取ってくれるから、早く枯れるのです。

花が悪い気を吸い取り、「良い気」の流れを呼び込んでくれているのです。

もし花がなければ、どうでしょう?

その悪い気が家の中にこもったままになります。

住んでいる人もその悪い気の影響を受けて、元気がなくなったり、病気になったりするのかもしれません。

この本では、植物から始まる幸せを呼び込む方法を紹介しています。

みなさんも、風水の教えをベースにした「花のある暮らし」で、どんどん良いことを呼び込んでください。

植物を飾ることで、一人でも多くの人が笑顔になることを願っています。

宮内 孝之

目次

第1部 植物を飾る意味

目次

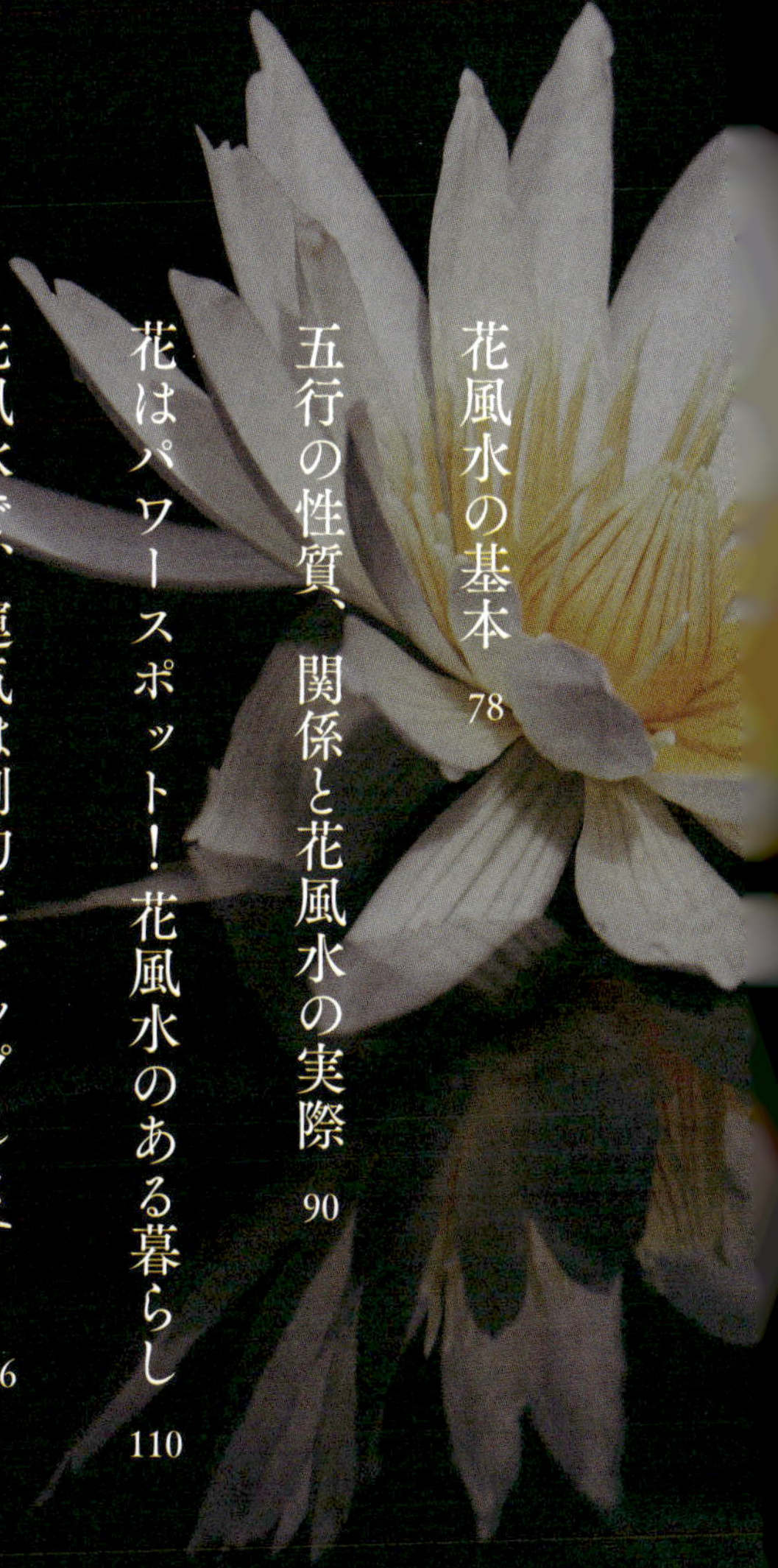

第1部 植物を飾る意味

花は「気」を整えてくれます

仕事で悩んでいるとき、
苦しいとき、
辛いとき、

1本の花に、話しかけてみてください。
だれにも迷惑はかかりません。

花・緑は、あなたの話を聴いてくれます。
あなたの心の悩み、考えを。

私たち人間には、運勢に影響する「気」の流れがあります。
それは5年周期で、また日々によっても、変わります。

良い流れのときは、それほど気にすることはありません。
大事なのは、「悪い流れ」のときに、どう対応するかです。

花、緑は、あなたの「気の流れが悪い」ときに、バランスを整えてくれる働きがあるんです。

人は、花・緑がないと、だめなときに心が死んでしまいます。

悩んだとき、どうにかしようとして人は行動します。
逆に言えば、苦しみ、悩みがないと人は前に進めません。
わからないから考える。そして行動する。

その心の働きを支えてくれる力が、花・緑にはあります。

花に「ありがとう」と言ってみてください

花がすぐに枯れると言われるお客さまに、私は
「花が枯れるのは悪いことではありませんよ」
とお伝えしていますが、
それでもやはり長持ちさせたいと思う人も多くいらっしゃいます。
そこで私は、**「毎日、水を替えてください」**とお願いしています。
風水の「水」は水の流れです。水にも悪い気が溜まっていきます。
そこで、**毎日水を替えることで水の流れをよくする**のです。
それで、気の流れがよくなります。

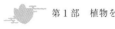

そして、「花に語りかけてください」ともお願いしています。

「おはよう、今日もありがとう」
と朝、花に語りかけると、
花は「幸せの始まりですよ」と笑顔で答えてくれます。
今日も1日、人に笑顔、ワクワクを届けたいと花たちも頑張ってくれます。

夜、帰ってきたときは
「ただいま、今日も良いことがあったよ」
と花に報告すれば、あなたの感謝を受け止め、
花はあなたの家の空気の流れを見守ってくれます。

毎日、水を替え、「ありがとう」と伝えてください。

観葉植物などは1週間に一度くらい、
葉っぱにたまったホコリを拭いてあげてください。
拭くときには、「ありがとう」の思いを伝えてください。

花や緑は、あなたがかける声をちゃんと聞いています。

私も花を活けたりアレンジメントを作るときは、
花緑たちに、常に語り、会話をしながら
気持ちを込めていけさせていただいております。

そして、いつも花たちに
「ありがとう、今日はどこに何しに行くよ」と伝えています。
今日も笑顔になってね。頑張ってね。

ワクワクしてよ。君たちがワクワクすると、僕の幸せだよ。
今日もキレイだね。笑顔がサイコー……。

そう念じると、不思議なことに花たちも私に向かって笑顔で応えてくれます。
すると、なんの迷いもなく花を活けることができます。
自然に逆らわず、どこにいたい？と花に聞き、花の思いを感じとることで、
お客さまに笑顔と思いを伝えることができています。

花はしゃべりませんが、あなたを見ています。
あなたの「ありがとう」を花に伝えると、
花はあなたに、素晴らしい笑顔をプレゼントしてくれるのです。

花にあなたの思いを
伝えてください

せっかく花を飾るのであれば、風水学的に効果のある飾り方をして、より良い「気」を取り入れてください。

「どんなときに、どんな花を、どの方角に飾るといいのか」

これは風水から細かく割り出すことができます。

風水学的には、効果のある方角や色は、毎年変わります。

最近定着しつつある節分に食べる「恵方巻き」は、食べるときの方角が毎年変わりますよね。あれと同じだと思ってください。

＊　＊　＊

小学生や幼稚園児を対象に**「花育《はないく》活動」**をしている友人がいます。

なかなか結果が出にくい活動なんですが、ある日お店に小学生の子供とお母さん二人で花を買いに来ました。

その子がお母さんに花の名前を教えていました。

「よく知ってるね」って声をかけたら、なんと花育で教えた子だったらしく、お母さんから「花育の授業を受けた時から花を飾るようになったんです」とお聞きしました。

信じられない出来事に、やりがいを感じました。

これからも「花育がんばろう」って気持ちになったそうです。

＊　＊　＊

私のお得意様であるブライダル会社さんにとって大切なお客さまがいらっしゃる席上、一言、余計なことを言ってしまったことがありました。

そのブライダル会社の女性社長は激怒して、次の日から私との取引をやめ、お詫びをしようと行っても会っていただけず、電話も一切出ずに約半年が経ちました。

その女性社長の誕生日に、これが最後という気持ちで考え、私は**1本のバラに気持ちをこめて持って行きました**。玄関のインターホンを押し、(今回も無視されるかも)と思いながらも赤い薔薇を手に持ち、インターフォン越しに待っていると「入りなさい」と。半年振りにその社長の顔を見た瞬間、最高の笑顔で「入りなさい」と言ってくれました。

その後、その社長との取引が再開されました。

人間の脳は、花を見ると0・2秒でその美しさを感じ、「幸せホルモン」と呼ばれるセロトニンが分泌されて気持ちが穏やかになり、プラス思考になります。

この体験は、脳が花を見た瞬間に、プラスに塗り替えられた瞬間だったのだと思います。

＊　＊　＊

葉っぱにも、花と同じように、それぞれの形・色がありますね。

葉っぱの一枚一枚には表情があり、笑顔も、少し怒っている顔もあります。

また地域によっていろいろな形に変化していきます。

例えばとても大きな葉っぱは、なぜ大きいのでしょうか？　それは空から雨が落ちてくる時に、上に大きな木があった場合、すこしでも水を受け止めたい葉が自然と大きくなったのです。

反対に、大量の雨が降る地域で育った葉は、手のように割れて必要な分だけ、水を受けるようになりました。このように形が変わり、進化していきます。

また色も、変化していきます。それは害虫への対策のためだったり、あるいは紅葉するモミジのように、一年に一度赤く燃えるように自分自身をアピール

するためだったり。

進化しているのは植物も人間と同じなのです。どう環境に対応して生きていくか、なのです。

＊　＊　＊

寒さの厳しい時期に、年配の男性が、家に一本花を飾りたいと買いに来ちれました。

「どうされますか？　お祝いですか？　プレゼントですか？」とお尋ねすると、言いにくいそうな顔。あまり突っ込んで聞いたらダメだと思い、

「どんな花にしましょうか？」と聞き直しました。

「今の季節なら、春のチューリップなどどうですか？　少し早いですが……」

するとその方は、

「実は……前に塀の中にいた時に、人生で初めて花を購入して、無機質な部屋に一本花をかざってみたんです。

それまで花を買ったり飾った記憶がなかったのですが、部屋に少しでも何か置きたいと思い、購入して飾ってみたら、**自分でも不思議なぐらい、心が穏やかになり、花を見ていると自然と笑顔になれた**んです。

それからはなるべく部屋に一本の花を飾るようになったのです」

と、僕に話してくれました。

花、緑には不思議な力があります

僕は10代の頃、テレビの花装飾の先生に弟子入りしました。

そして、もっと花の世界を見たいと思い、花の輸入業者にデザイナーとして入社し、英語もわからず世界各地から入ってくる花を活けてまわり、テレビ、イベントなどで世界の花に触れました。

20代前半の頃、「もっともっと、いろいろな花を間近で見たい」と思うようになりました。そこで「自分にはできる」という思い込みだけで、1枚の紙を手にオーストラリア行きの飛行機に乗りました。その紙には、英語で**「僕は日本一のフラワーデザイナーで、僕を雇うと店の売り上げがアップします」**という文章が書かれていました。

現地に着くと、辞書を片手に電話帳で花や花のデザイン関係をリストアップし、飛び込みで1軒1軒回りました。

「すぐに決まって、すぐに働けて、いろいろ勉強できるだろう」という簡単な気持ちだったのですが、現実は厳しいものでした。誰か知らないが、日本からきた馬鹿なやつだというような反応で、紙を見せても知らんぷり、そして怒った口調で何か言われます。僕は英語がわからず、相手が怒っている様子を見て「ああ、ダメだ」と思いました。

それでも「自分の実力なら絶対すぐに決まる」と若造の思い込みで、10軒15軒と断られ、やっと18軒目で「テストしましょう」ということになりました。そこで「すばらしい」と（！）やっと採用されたのです。

そこは、繁華街に5軒ほどお店を出している花屋さんの店舗でした。花に関する英語はなんとかわかりましたので、ブーケをつくったりアレンジを製作したり、と仕事を始めることができました。

しかし3日目のことです。お店で一人になってしまい、来店するお客様には対応していましたが、お昼過ぎに電話がかかってきました。

「どうしよう、出るか出ないか？　……まあなんとかなるか」と思って受話器をとると、お客様は当然英語でずーっと話します。オーダーの内容はわかるのですが、それ以外が一切わからない。「ソーリーソーリー、日本からきて英語がわからない」と必死でつたえようとしますが、お客様は日本語はわからず、とうとう怒りだしたのが、受話器の向こうから伝わってきます。僕は最後にも「ソーリー」と言って受話器を置きました。

それから3、4時間たったころ、オーナーがすごい剣幕で「あなたはうちの大切なお客様に何をしてくれたんだ！」と……。、その日にクビになりました。

翌日から気持ちを切り替えて、また飛び込みを始めましたが、10軒、20軒……決まらずに何日か過ぎた時のことでした。

花屋さんで1本の白いバラを買って手に持ち、地下鉄の駅のベンチでひとり

うつむいて半日座っていました。薄暗い明かりの下で、

（俺は何しにきたのか……なぜここにいるのか……このままでは日本には帰れない……何軒飛び込んでも決まらない……いっそ電車に飛び込もうか……）

そんなことを考えながら、何本も目の前を通り過ぎる電車を見ているだけで、ただ時間が過ぎていきます。

僕は手に持った白いバラに語りかけました。

「どうしたらいいのか……」

そしてバラを見たら、**白いはずのバラが赤いバラに見えた**のです。

嘘だと思いながらも、僕は**「まだまだ頑張れ」**という気持ちになりました。

多分電車のライトが反射して、白バラが僕の目に赤く映ったのでしょう。見る角度や場所、周りの環境によって姿を変えた1本のバラが、僕に力をくれました。「明日からもう一度　お店に飛び込みしよう」と。

翌日からまた何日も、10軒20軒と回り……。
ついにシドニー郊外の、イギリス人ご夫婦のお店で勤めさせていただけることになりました。その時には日本から持ってきた英語の文章を、紙を見せることなく話せるようになっていました。
勤めはじめると、身振り手振り、ボディーランゲージで花に対する気持ちなどをレクチャーしていただいたり、お昼にはいつも豊かなバラの薫りがするイングリッシュティーを飲みながら、花について、緑についてお話ししていただきました。そこで言われたのです。

「花は生きている、、あなたを見ているよ」と。

「花は、あなたの心の中を感じてくれているよ。

花には、1本1本顔があるよ。
10本あれば全部10本の顔があるんだよ。
花の顔を見て、気持ちを伝えると、それが伝わるんだよ。
だから、花に対する「気持ち」は大切なんだよ。

花や緑は呼吸して、空気の流れを変えるよ。
昔から人は、花、緑があることにより、
幸せを感じ、心がリフレッシュするんだよ」

僕はそれまで、「花がどう思っているか」などということは頭になく、ただ「花、緑を活ける」ことしか考えていませんでした。

本当の花の良さを、また花、緑の気持ちを、このご夫婦は、言葉のわからない僕に、ボディーランゲージで、教えてくださいました。

ただこのお店には、なかなかお客様が来ませんでした。

売上もないので、僕は「本当にここにいていいのか？」と感じるようになりました。

ご夫婦は「ずっといてくださいい」と言ってくださったのですが、今回は自分から「すみません、いろいろ勉強させていただいたのにすみません」と申し上げて、約1か月でお店を去りました。

また一から飛び込もうと思い、翌日から花屋さんやデザイン事務所などに飛び込みをしました。**その時にはもう、飛び込みが苦になりませんでした。**

そして合計87軒目に決まった花屋さんに就職しました。今回はあらかじめ、自分は電話応対ができないことなどを話しましたが、「それでもいいよ」ということで、結局、約1年弱勤めることができました。

このお店では、忘れられない、一人のお客様に出会いました。

その方は年配の男性で、毎週月曜～金曜まで**毎日**、必ず朝の8時45分～8時50分の間に、**バラの花を1本**、購入されていました。

それも**咲いているもの**を。

日本では、お店にバラを買いに来る方々は、つぼみのものを希望されることが多いです。

不思議に思った僕は、ある日思い切って、片言の英語で訊いてみました。

「なぜ、咲いているバラを、毎日購入されるのですか？」

そのダンディーな男性は、僕にこう言いました。

「毎日、最高の笑顔をスタッフに感じてもらうために、会社の入り口に飾るんだよ」と。

この花の笑顔が……
最高の一日になるための始まりを作るのだと。
そのためには、咲いていないとダメなんだ、と。
最高の一日は、１本の花の笑顔から始まるんだ、と。

前のお店で**「花の顔、花の気持ち」**を教わっていた僕には、そういう意味に理解できました。

後で人に聞いたのですが、その方は、大手企業の社長さんでした。

このように海外では、大変なこともありましたが、やがて毎日が新鮮で、ワクワクして、いろいろな方にいろいろな勉強をさせていただき、いろいろなお客様と出会い、感謝の気持ちでいっぱいになりました。

……そして僕は、

（早く日本に戻り、この気持ちを伝えたい）

と思うようになっていました。

＊　＊　＊

友人の叔母が亡くなった時の話です。

彼は仕事で地方にいましたが、新幹線で駆けつけ葬儀に参列することができました。そこで子供のころから仲良しの同じ歳の親戚に久しぶりに会いました。

お通夜が終わり、その後みんなで思い出話をしながら、叔母の話題で盛り上がっていたら突然、その親戚の子から「まだ結婚してないのか？」と一言いわれ、少し心にグサリときました。

するとその子は「明日女の子を紹介するよ」と言うのです。

そして翌日。

彼は**花束を買い、「結婚できますように」と花達に気持ちを込めて語りました。**そして初対面の彼女に「初めまして、○○です」と花束を渡しました。彼女はきょとんとした顔で「ありがとう」と……。

それからお付き合いさせていただき、遠距離でしたが、半年後に結婚できました。彼はあの時の気持ちのまま、今も幸せに暮らしているそうです。

＊　＊　＊

あるパーティーでのお話です。

事前にスタッフの方から、「出席される名誉会長（もと銀行頭取）に、何かお渡ししたいのだが…」と相談を受けました。

聞けばお歳は90手前、普段何をお渡ししても喜ばず、いつも厳しい顔をされるので困っている、とのこと。花束をお渡ししても記念品をお渡ししても然り。そこで「花で何かできないでしょうか?」ということなのです。

僕は、「名誉会長の前でフラワーライブショーをして、その場で花を渡しましょうか」と言ったものの、心の中では(どうしよう、笑顔になるかなー)と不安でした。担当者も不安そうな顔。

当日、僕は**花たちに約1時間話しかけ、なんとか名誉会長が笑顔になるようになるように、自分自身の気持ち、みんなの気持ちを込めて語りました。**

会場には有名企業社長、名だたる方々が約300名。さあ本番です。

舞台に上がり、名誉会長の目を見ると、きょとんとしていらっしゃいます。

「これは花の力でいける!」

と、約3分の曲に合わせ、花たちを組み合わせ、お花をお渡ししました。

渡した瞬間、満面の笑みで、「ありがとう」と僕に。子供のような表情でした。

これは3分の間、**いろいろな気持ち、思いを、花たちから感じていただいた**おかげだと、心から幸せを感じました。

終了後、スタッフの方々が言ってくださいました。

「名誉会長のあんな笑顔をみたのは、何年ぶりか」と。

＊　＊　＊

ある友人から、彼女の誕生日にイタリアンレストランでプロポーズすると聞きました。そこで僕は当日の食事の時間を尋ね、開始1時間後にタキシードを着てお店にブーケを届けに行きました（もちろん事前にお店から許可をいただきました)。

彼にとって一大決心のプロポーズでしたので、私もあらかじめ彼女の好きなお花を聞いておき、**花たちに「成功するように」との気持ちを込めました。**

二人がほろ酔い気分になったころ、私は花のメッセンジャーとして、突然「◎◎さんですね。お花をお届けに来ました」と。

彼女は持っていたワイングラスを置き、目が点状態で「なになに?」と。

「目の前の彼からのお届けものですよ」と伝え、「お誕生日おめでとうございます」とさりげなく配達伝票を渡し、サインをいただき、「ありがとうございます」と。

彼女の目からは涙が……。

僕はそのまま失礼しました。その後どうなったでしょうか。

ご想像におまかせいたします。

地球の誕生の始まりから、花、緑は時を感じ、神秘的に進化しながら生きてきました。

時にはその環境に合わせ、生きてゆくために姿や形、香りを変えて対応してきました。花の「美しさ」も、進化に必要な条件だったから、現在までこのような姿で咲き誇り続けてきたのだと思います。

＊　＊　＊

人間は花、緑がないと生きていけません。それは人間にとって必要な酸素が、植物の光合成によって作り出されることからも明らかです。また、私たちが花や緑を見て感じる心の動きは、地球ができ人間が誕生した時から、私たちの中の小さな小さな遺伝子に、心のバランスをとるためにプログラムされているのだ、とも思っています。

そんな**花たちの「声」を、ぜひ聴いてみてください。**

また私は、

「花、緑は、あなたの心の鏡です」

とも申し上げたいです。

花を飾ることにより、心が安定されます。

また、花の贈り方ひとつとっても、これまでお話ししてきたように、あなたの「心」が反映されるのです。

もしかしたら、あなたがプレゼントをする1つのバラの花束が、相手にとって生涯心に残る最高の贈りものになるかもしれません。

第2部 宮内流花風水

花緑を飾って運気アップ！

花、緑は**「気」**を感じます。

よく、
「なぜすぐに枯れるのか？」
「どうしたらもつの？」
と聞かれます。

そのような疑問の持ち方は、少し間違っています。

花、緑はその空気の流れを吸ってくれて、空気をきれいにして、皆さんに提供しているのです。

だから**飾る場所によって、花の咲いている期間は、異なってくる**のです。

玄関・リビング・トイレなどに、1本飾ってみてください。
変化を感じます。
「気」の流れが変わります。
「気」が変わるから、私たちの気持ちも変わるのです。

だから人は、花、緑が必要になるのです。

人類はその歴史の中で、ずっと花、緑を飾ってきました。
それは「風水」にも取り入れられています。

私たちはどんな花、緑を、どこに飾ったらいいのでしょうか？
この本では、それを**「花風水」**の観点からお教えします。

花風水の基本

「風水」とは、古代の中国の思想で、風や水の「気」の流れを読み取り、その「気」を利用して住まいなどの環境を整えようとするものです。

風水の基本になっているのは、「陰陽五行説」という思想です。この考え方では、木・火・土・金・水という5つの「気」のバランスが上手くとれると、この地球上で生きているすべての命にとって望ましいと考えられています。

この本でご紹介する「花風水」では、この木・火・土・金・水の五行のバランスをよくするために、花・緑を用います。

具体的には、たとえば

「どの方角に、どんな色の花を、どんな器に飾るのがよいか」

といったことがわかります。

五行（ごぎょう）

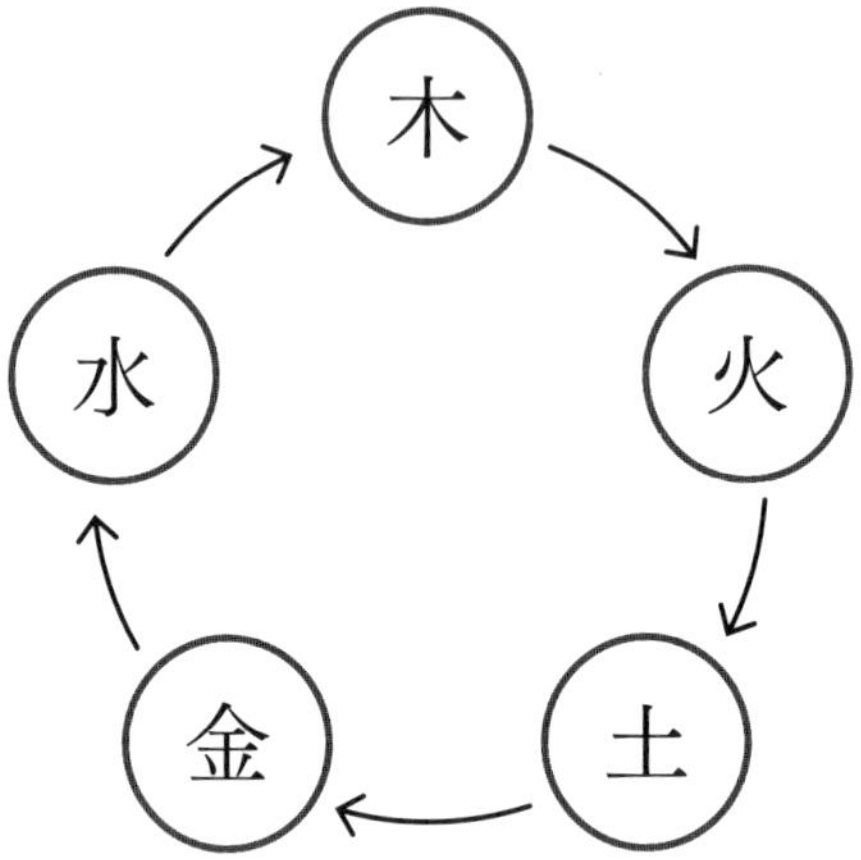

木

木を燃やすと火が出るので、木は火を生かす。

火

火は燃えると土になるので、火は土を生かす。

土

土の中からは金（鉱物）が出るので、土は金を生かす。

金

金（鉱物）の表面からは水が生じるので、金は水を生かす。

水

水で木が育つので、水は木を生かす。

相性的には、右の図で隣り合っている同士は仲が良いです。たとえば木は火が好き、火は土が好き、というようにです。

一方、離れているもの――たとえば木と土、火と水、金と木など――は直接にはぶつかり合います。

そこで、両者の間に何かを入れ、飾ることでつながり、気が循環する良い状態になります。

人は、これら「木」「火」「土」「金」「水」の5つ（これを「本命卦（ほんめいけ）」と呼びます）のうちの、どれかに属しています。

あなたがこれらのどれに属しているのか、その導き出し方を次ページからご説明します。

あなたの「花風水五行」は、**生年月日**から割り出します。

男性の場合

①生年（西暦）月日の数字を分解し、それらを10以下になるまで足します。

②10以下になったら、その数字を「11」から引きます。その数字が花風水五行本命卦の数字になります。

女性の場合

①生年（西暦）月日の数字を分解し、それらを10以下になるまで足します。

②10以下になったら、その数字に「4」を足します。もし、「4」を加えて10以上になったら、「9」を引きます。その数字が花風水五行本命卦の数字になります。

※ただし男女とも、**誕生日が1月1日〜2月3日の方は、②の数字にさらに「1」を足してください。**

五行本命卦の数字が出たら、左の表から花風水五行本命卦を導き出します。

数字	本命卦
1	水
2	土
3	木
4	木
5	土
6	金
7	金
8	土
9	火

【例1】 1967年1月10日生まれの男性の方

①1＋9＋6＋7＋1＋1＋0＝25　2＋5＝7

②11－7＝4

※誕生日が1月1日～2月3日の方にあたるのでプラス「1」

4＋1＝5

この方の五行本命卦は「5」となり、花風水五行は「土」になります。

【例2】 1967年1月10日生まれの女性の方

①1＋9＋6＋7＋1＋1＋0＝25　2＋5＝7

②7＋4＝11　10以上になったので「9」を引きます。

11－9＝2

※誕生日が1月1日～2月3日の方にあたるのでプラス「1」

2＋1＝3

この方の五行本命卦は「3」となり、花風水五行は「木」になります。

これであなたの花風水五行がわかりました。

五行は、それぞれに特有の性質をもっています。

そして最初にお話ししましたように、お互いに相性の良いものと、よくないものがあります。

あなたの花風水五行を中心として、周りの「気」が相性よく流れていく形になるように、花緑を飾っていくのが「花風水」の基本となります。

隣り合った五行どうしは相性がよい

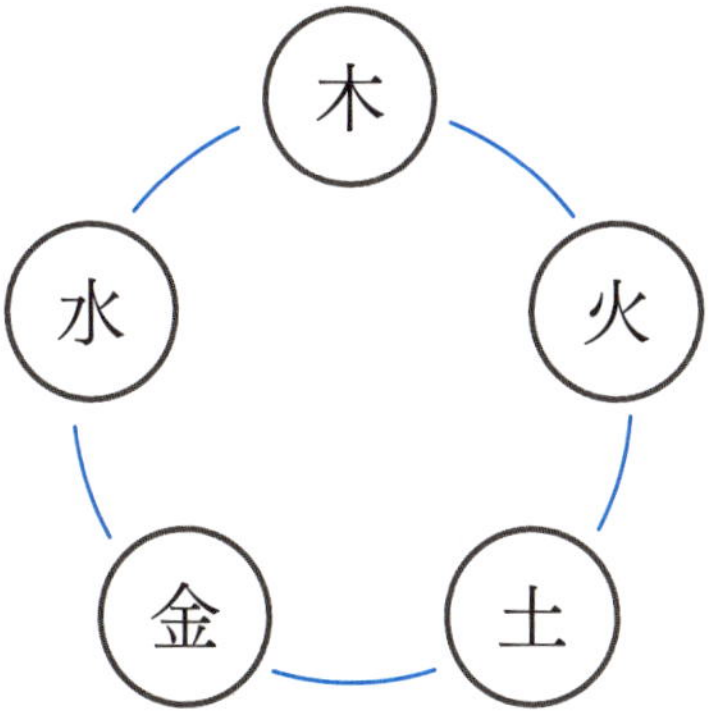

離れた五行どうしは相性がよくない
→間を補えば「気」がよくなる！

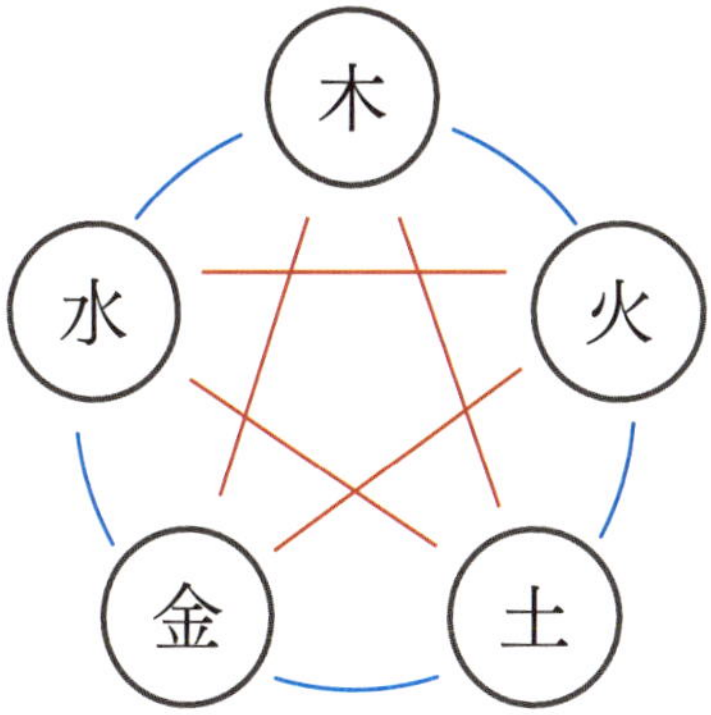

五行の性質、関係と
花風水の実際

ここでは花風水の実際について、もう少し詳しく説明していきます。

先ほどもお話ししましたとおり、五行説とは、古代中国の思想で先ほどの「気」を５つの形にし、５元素として表しています。

木、火、土、金、水。

この５つの気がそれぞれ相互作用し、関係性をもっていると考えるのが五行説です。

すべてのものは五行に含まれます。そしてこの五行の「バランス」を上手くとることが、すなわち、この地球上で生きるすべての命にとって望ましいと考えられているのです。

ちなみに風水はもちろん、氣学、奇問遁甲、四柱推命などの学問は、すべて陰陽五行の理論が基となっています。

花風水五行の相互関係

五行はそれぞれの性質を持つことから、出会った五行同士で様々な関係が生まれます。

1. 比和（ひわ）……同じ五行同士の関係

この関係は、お互いを強め合います。

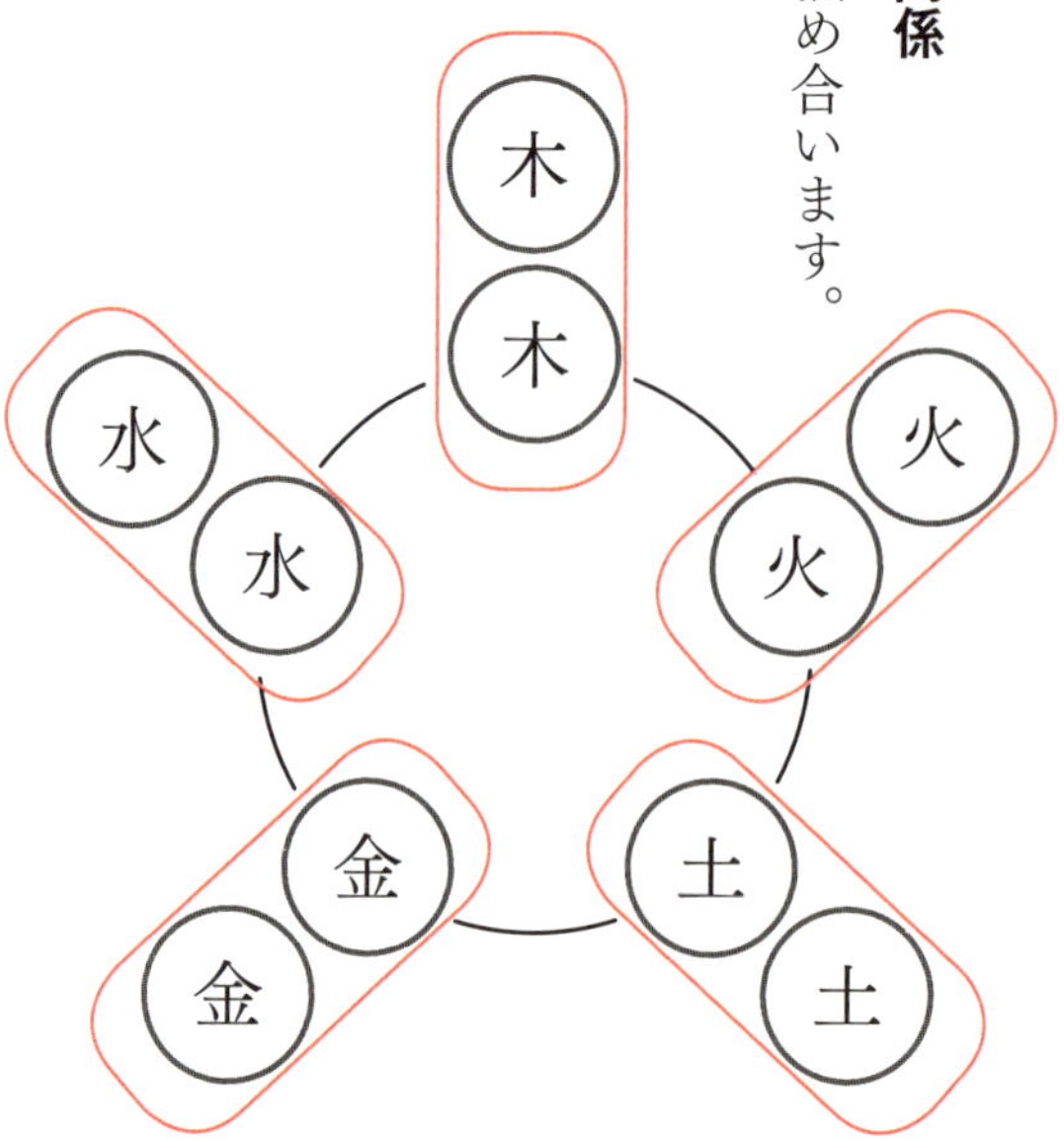

2. 相生（そうじょう）……隣り合う五行同士の関係

この関係は、一方は強まり、一方は弱まります。

(1)「生じる側」から見ると…

木は燃えて火となり、
火は冷え固まり土となり、
土の中から金が生まれ、
金の表面に水がつき、
水を吸って木が育つ。

例えば、木と火の関係では、

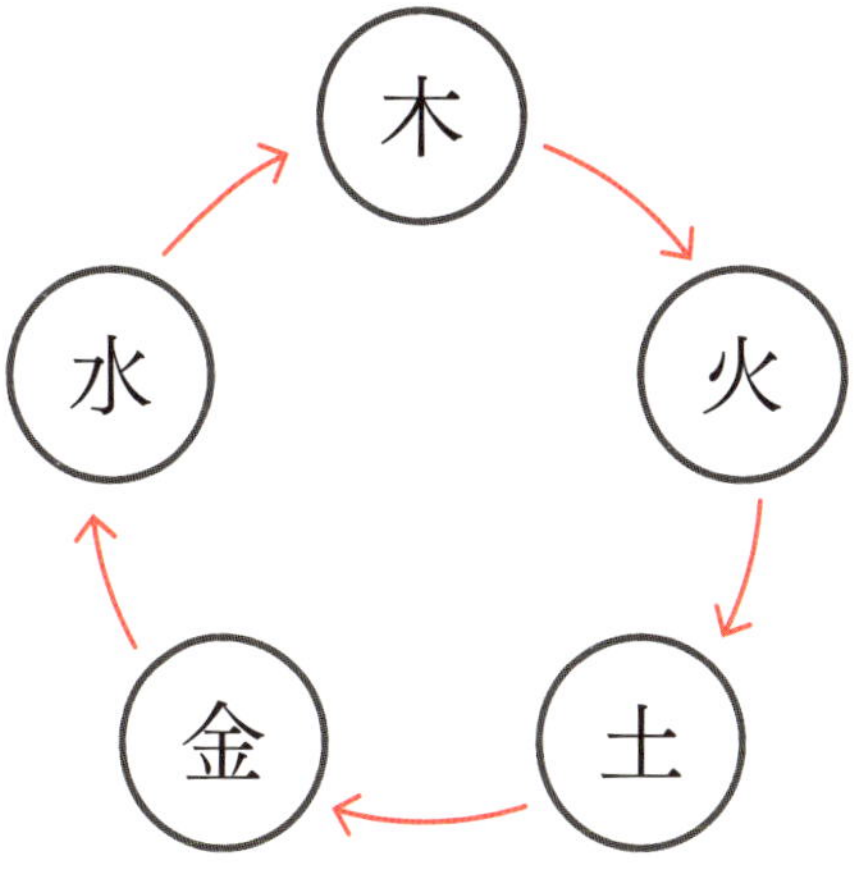

木は燃えて火を生じます。

エネルギーを与えられた火は強くなりますが、木はエネルギーを与えることから、自らは弱まります。

・木は火を生じる　↓　木は弱まり、火は強くなる。
・火は土を生じる　↓　火は弱まり、土は強くなる。
・土は金を生じる　↓　土は弱まり、金は強くなる。
・金は水を生じる　↓　金は弱まり、水は強くなる。
・水は木を生じる　↓　水は弱まり、木は強くなる。

(2)「生じられる側」からみると

相生の関係を、生じられる側からみるとどうなるでしょうか。

(1)と同じようにこれも相生の関係ですが、「生じる」側が弱くなるのに対して、「生じられる」側は強くなります。この立場の違いを理解することが大事です。

木と水の関係を見てみましょう。

木は水からエネルギーを与えられ強まりますが、相手の水はエネルギーを与えることで、弱まります。

・木は水によって生じられる　↓　木は強まりは弱くなる。
・火は木によって生じられる　↓　火は強まり、木は弱くなる。
・土は火によって生じられる　↓　土は強まり、火は弱くなる。
・金は土によって生じられる　↓　金は強まり、土は弱くなる。
・水は金によって生じられる　↓　水は強まり、金は弱くなる。

3. 相剋（そうこく）……離れた五行同士の関係

離れた五行同士は、一方が他方を剋（こく）する、つまりエネルギーを抑え込むような関係にあります。

不安定で調和が取れていない状態だといえます。

- 木は土から養分を奪う。
- 土は水を濁したり、吸収する。
- 水は火を消す。
- 火は金（金属）を溶かす。
- 金（金属）は木を切り倒す。

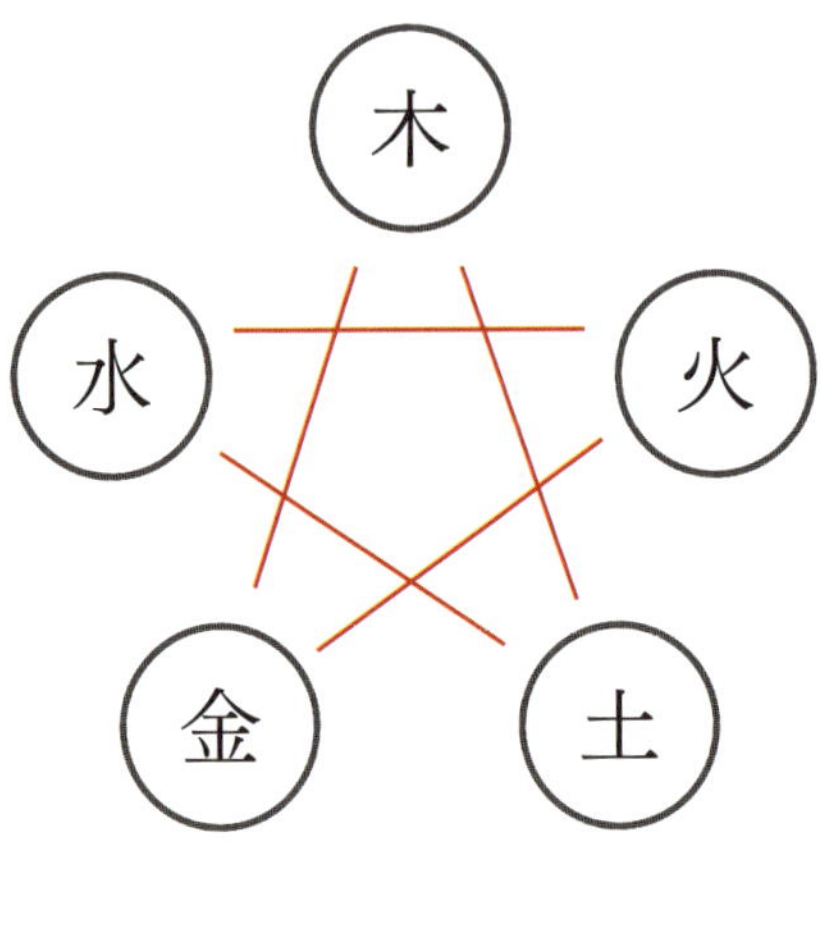

例えば、水は火を消すことにより火のエネルギーを奪いますが、〝消す〟という作業を行うことで、自らもエネルギーを消耗します。

したがって結果的に、相剋は「どちらも弱まる」関係になります。

・木は土を剋する　↓　土は弱まり、木も弱くなる。
・火は金を剋する　↓　金は弱まり、火も弱くなる。
・土は水を剋する　↓　水は弱まり、土も弱くなる。
・金は木を剋する　↓　木は弱まり、金も弱くなる。
・水は火を剋する　↓　火は弱まり、水も弱くなる。

五行の各性質

五行には、それぞれ特有の性質があります。
それらを図表にまとめておきます。

花風水五行と運勢

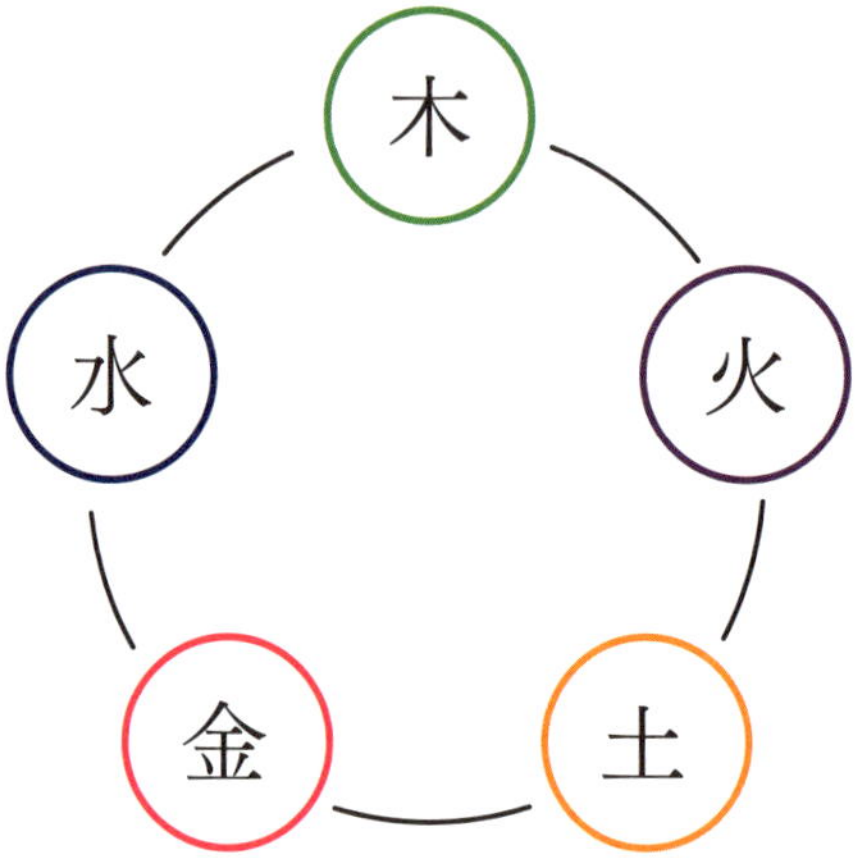

木
健康運アップ

火
勝負運アップ

土
仕事運アップ

金
金運アップ

水
恋愛運アップ

花風水五行と色

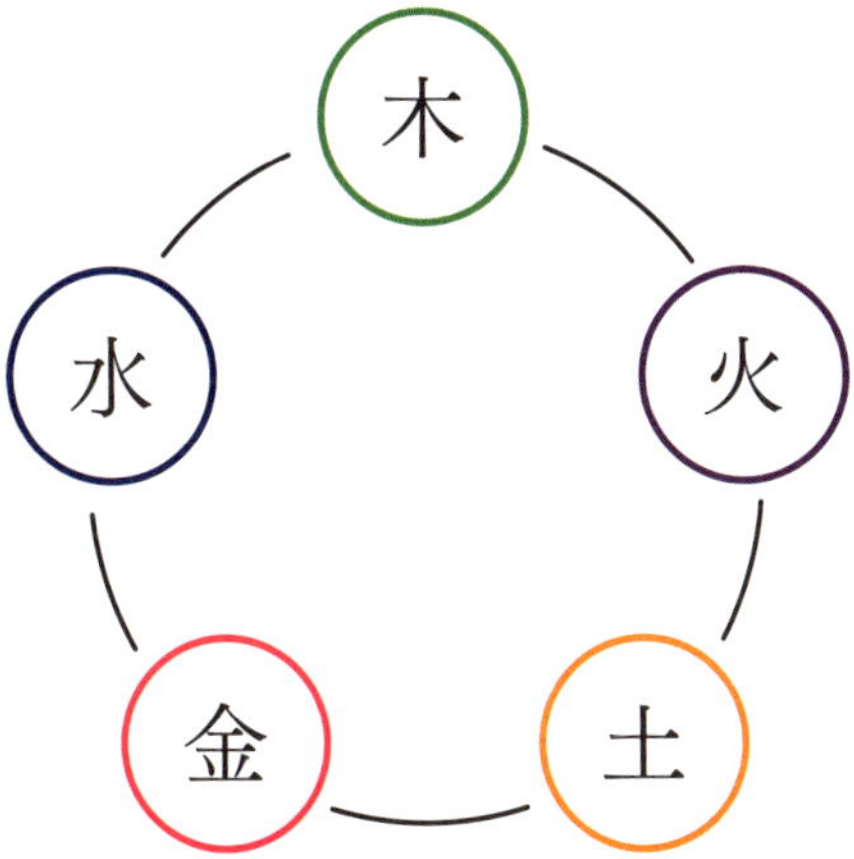

木

緑・青・黄緑

火

紫・オレンジ・赤

土

黄色・オレンジ・ベージュ・緑

金

白・ピンク・金・シルバー

水

赤・紺・グレー・濃い色

五行	木	火	土	金	水
キーワード	発展的 のびやか 教育	行動的 前向き 活動的	どっしり 落ち着き 育む	シャープ 華やか 硬い	柔軟性 流れる 変容
イメージ	若草・ 樹木・草	火・炎	大地・ 山・砂	鉱物・ 金属	海・川・ 湖・水
五色	緑・黄緑・ 青	赤・紫・ オレンジ	黄・茶・ ベージュ	白・金・銀	黒・濃紺・ グレー
形状（器）	直線・ 長方形	三角形	台形・ 四角	丸形	波形・ なみだ形
五方 （方角）	東・南東	南・南西	北東・中央	西・北西	北
五季 （季節の 花）	春	夏	土用	秋	冬
五花（形）	オーバル・ 線タイプ	丸形・ どっしり	丸形・ 線タイプ	丸形・ 線タイプ	丸形・ 大きい
五花 （ベスト）	観葉植物	バラ	オンシ ジューム	ユリ	トルコ キキョウ
八卦	震・巽	離	艮・坤	乾・兌	坎
花の 種類例	観葉植物、 ゆきやな ぎ、 あせび、 アジサイ、 ヒマワリ など	バラ、トルコ キキョウ、 アルストロ メリア、 ラベン ダー、 バンダ など	オンシ ジューム、 多肉植物、 観葉植物、 ガーベラ など	ユリ、 カーネー ション、 バラ、ダリア など	トルコ キキョウ、 ダリア、 ラナン キュラス、 バンダ など

花風水鑑定のポイント

花風水の鑑定を行う際には、次の点を必ずチェックします。

※ここでは概略のみご紹介します。実際の花風水鑑定について詳しく知りたい方は、(社団)日本花風水鑑定士協会のホームページ(175ページにURLを記載しています)などをご参照ください。

①立地条件　鑑定物件の周りの環境。山があるのか、川があるのかなど。

②間取り　玄関の向き、寝室の向き、水場の位置など。

③住まい手の生年月日

④室内　色や素材、物の配置など〝気〟の流れに則しているか。

実際の鑑定では、個人の生年月日から本命卦を、建物の向きから宅卦をそれぞれ導き出し、二つの卦の組み合わせから、家の各方位それぞれの吉凶を判断し、凶を抑える化殺(かさつ＝処方)を花緑を用いて行っています。

花はパワースポット！
花風水のある暮らし

STEP①イメージ
どこに飾るといいかを花風水でみる。
STEP②行動
器・時節の花緑を購入。（器が重要です。形状に注意していけてください）
STEP③笑顔
器を設置していけてみる↓笑顔↓会話が増える↓幸せの始まり！
STEP①～③をくりかえす
↓気の流れがよくなる！

気の流れをよくする
花風水鑑定の例

木 → 花：観葉植物　方角：東　器：長方形型

火 → 花：薔薇　方角：南　器：三角型

土 → 花：オンシジューム　方角：北東　器：四角

金 → 花：ユリ　方角：西　器：丸型

水 → 花：トルコキキョウ　方角：北　器：波型

例）花風水５行　木の方の場合

自分自身を整える場合は　観葉植物を東に飾る

勝負運アップの場合は　トルコキキョウを北に飾る

例）花風水５行　水の方の場合

仕事運を上げる場合は　ユリを西に飾る

金運アップの場合は　オンシジュームを北東に飾る

※実際の花風水鑑定では、一日単位の

気の流れの変化に応じて最良の化殺を導き出します。

例）イベント日・オープン日・結婚記念日など

観葉植物で運気アップする
花風水鑑定の例

観葉植物をもらった時には
お部屋の中心から　あなたの花風水五行で
木　→　東にお飾りください
火　→　北にお飾りください
土　→　南にお飾りください
金　→　北にお飾りください
水　→　西にお飾りください

あなたの全体運がアップし、
気の流れ（気持ち）がさわやかになります。

下記のサイトで実際の花風水レシピを
紹介しています。ぜひ飾ってみてください！

フラレピ　フローリスト 宮内 孝之のレシピ
https://furarepi.com/florist/myuty/

フラレピ　花風水の開運レシピ特集
https://furarepi.com/feature/hanafusui/

花風水で、運気は
劇的にアップします！

花風水で、運気はなぜアップするのでしょうか？

この本の第1部でもお話ししましたが、花・緑にはひとつひとつ顔があり、表情、声、香りがあります。人間と一緒です。

会社・住宅・街を見ると、確かに花・緑は存在していますが、山など自然の中と比べると、やはりすごく少ないですよね。

この状態ですと、「気」の流れは、潤滑にまわっているとは言い難いです。

たとえば、わかりやすく「水」の流れでたとえてご説明しましょう。

川の流れ、水の流れは、目で見えますよね。

山から氷が解けて川に新しい水が流れ、その水のおかげで人々は生きています。

よりよく生きるには、この「水」と同じように私たちの周りを流れているけれども、目に見えない「気」を感じて、よくしていく必要があります。その「気」をよくする「花・緑」を、私たち一人一人が意識して見つめることが必要です。

歴史のある大事な建物、たとえば京都御所や皇居などは、いずれも風水にもとづいて設計されています。

現代は街にビルが建ち道路ができていますが、それらがすべて風水もとづいてつくられているとは限りません。

これは致し方のないことです。

それでも、少しでも「気」の流れを意識することによって、あなたの「気」は変わるのです。

花緑は悪い空気、「気」を吸い取って、良い空気、すばらしい「気」をあなたに出してくれます。

これまで何度か申し上げてきましたが、花緑がすぐに枯れるのは、悪いことではありません。

あなたのために、花緑は幸せを感じながらその生をまっとうしています。

花緑がよくしてくれる「気」をあなたは受け、幸せが始まります。

どうか、「暮らしに余裕がないから、花など飾れない」……と考えないでいただきたいのです。

ぜひ、「暮らしに余裕をつくるために、花・緑を飾りましょう」。

＊　＊　＊

先日、あるジュエリーショップの方から、

「昨年は売上がよかった。でも今年は業績がダウンしてしまって…」

と相談を受けました。

「花・緑でも飾りたい」とおっしゃるので、それなら風水的にどこに飾るかみましょうかと、、お店の図面と社長生年月日をうかがい、五行をみて、図面で「ここに緑、ここに花を飾ってください」と提案させていただきました。近くのお花屋さんで一度購入して飾ってください、と。

すると社長は、

「実は、昨年はこの場所に観葉植物を飾っていましたが、年末に処分してしまっていたのです」とおっしゃるのです。

やはり…とびっくりし、早速観葉植物を購入して飾り始めたら、業績が上がってきたと後日ご連絡いただき、僕もうれしかったです。

花・緑を飾ることには、いろいろな意味があります。

ただ飾るよりも、風水的に適切なやり方で飾れば、花・緑は気の流れを変えて、悪い空気を吸い、いい空気を出してくれますが、同時にスタッフのコミュニケーションやお客様の気持ちが変わることによって、結果が出やすくなります。

たとえばスタッフの間で毎日の植物の状態について――どう、今日は水あげた？　葉の色すこし元気ないね――などと会話が生まれたり、お店で花をご覧になったお客さんに「この花はどこからやってきて、名前は◎◎といいます（ぜひ名前を付けてあげてください！）」とお話しできたりすることが重要なのです。

これこそが人と人をつなげる、すばらしい花・緑の力です。

この世の中は不安が多いと思っていらっしゃる方も多いと思います。

そんな状況を少しでもよくするために、街の中、会社の中、自宅から、花・緑がもたらすコミュニケーションを始めてみてはいかがでしょうか。

心に花が咲く!
花風水メッセージ

※切り取ってお守りやメッセージカードとしてお使いいただけます

あなたがいたから
今の私がいる

日々歩歩
あなたの為色

幸せを呼ぶ花風水

宮内孝之

幸せを呼ぶ花風水

宮内孝之

見つけてくれて
ありがとう

頑張れるあなたの
一言で花ひらく

幸せを呼ぶ

花風水

宮内孝之

幸せを呼ぶ
花風水
宮内孝之

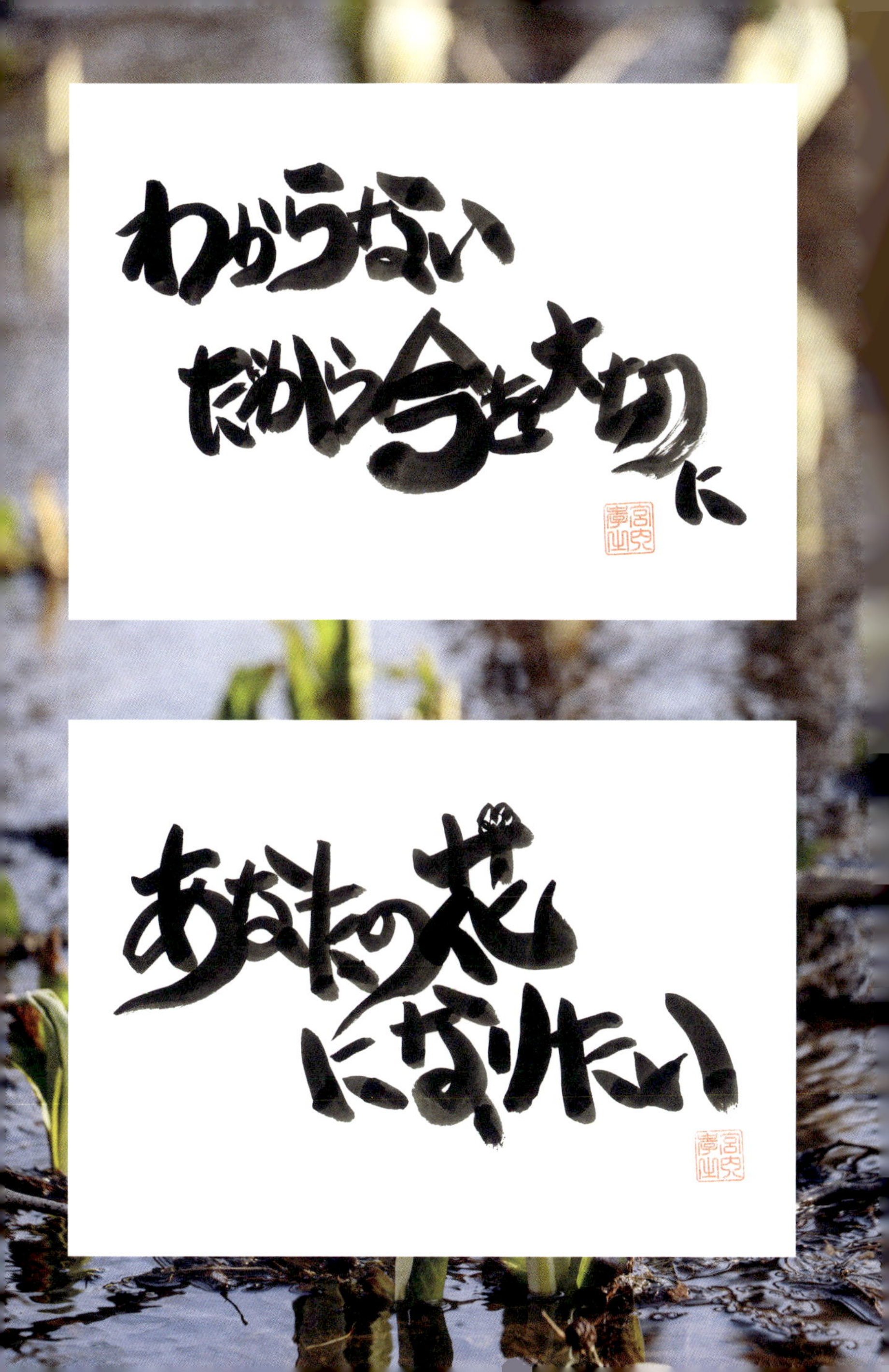
わからない
だから今を大切に
あなたの花
になりたい

幸せを呼ぶ
花風水
宮内孝之

幸せを呼ぶ
花風水
宮内孝之

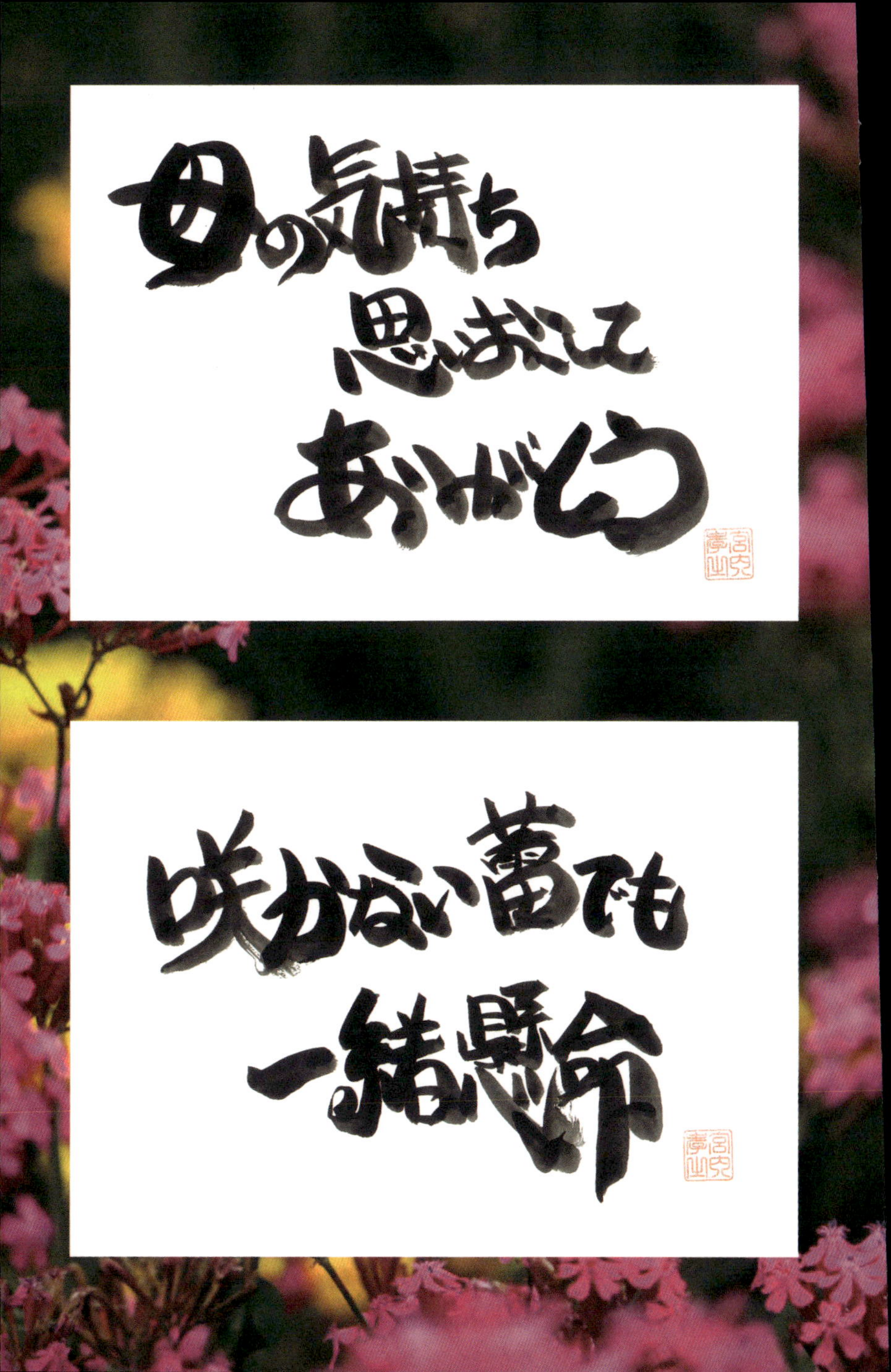
母の気持ち
思いおこして
ありがとう
咲かない蕾でも
一緒懸命

幸せを呼ぶ 花風水

宮内孝之

幸せを呼ぶ 花風水

宮内孝之

しかってくれてありがとう

幸せは華の中にある今

幸せを呼ぶ

花風水

宮内孝之

幸せを呼ぶ
花風水
宮内孝之

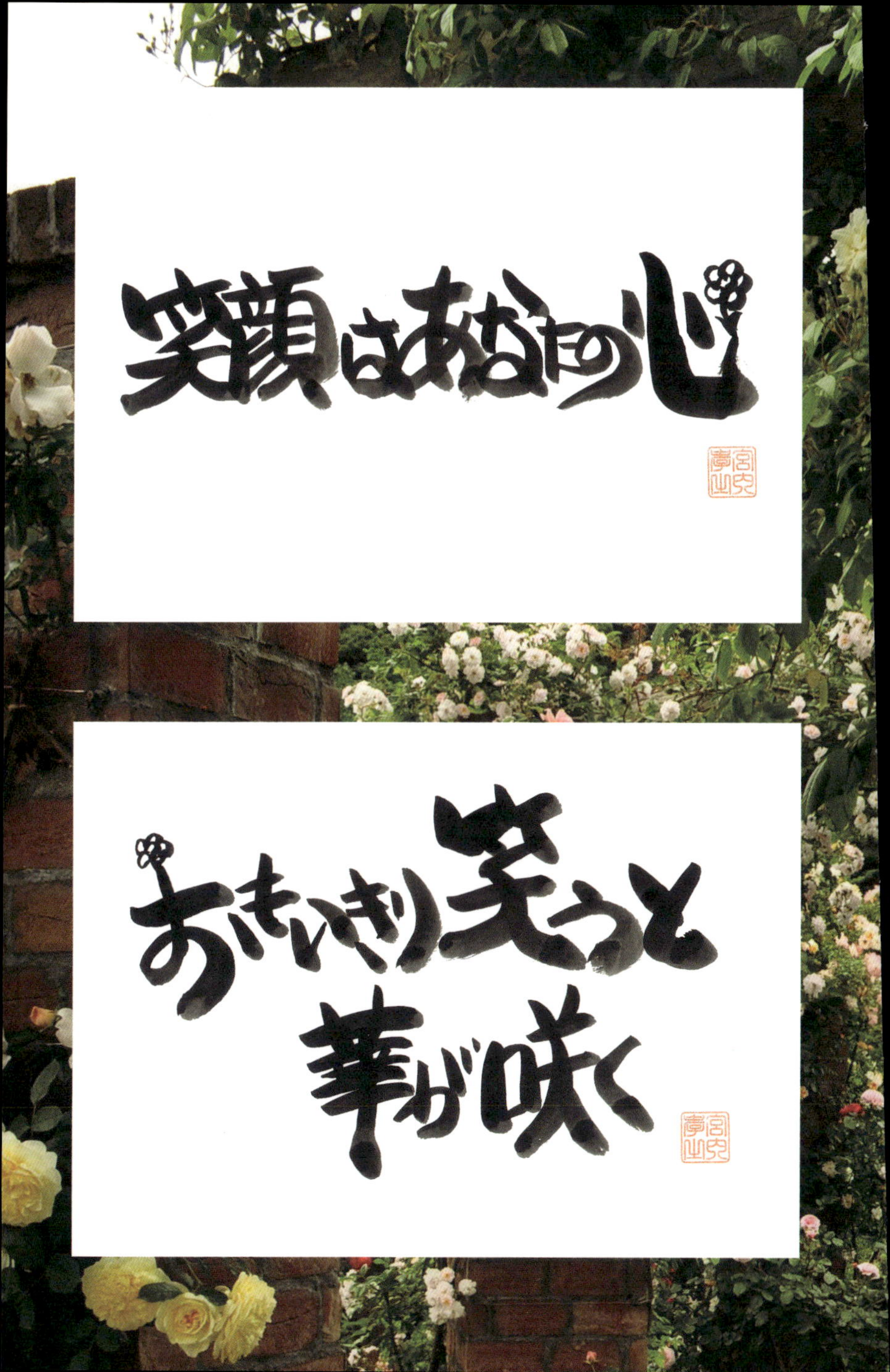
笑顔はあなたの心
おもいきり笑うと
華が咲く

幸せを呼ぶ
花風水
宮内孝之

幸せを呼ぶ
花風水
宮内孝之

今日があるから
明日の華が
開く

ありがとう
あなたがいたから
華が

幸せを呼ぶ

花風水

宮内孝之

幸せを呼ぶ
花風水
宮内孝之

時は華のように咲く

気持ちの華
ひとつで変わる
心の花

幸せを呼ぶ花風水

宮内孝之

幸せを呼ぶ花風水

宮内孝之

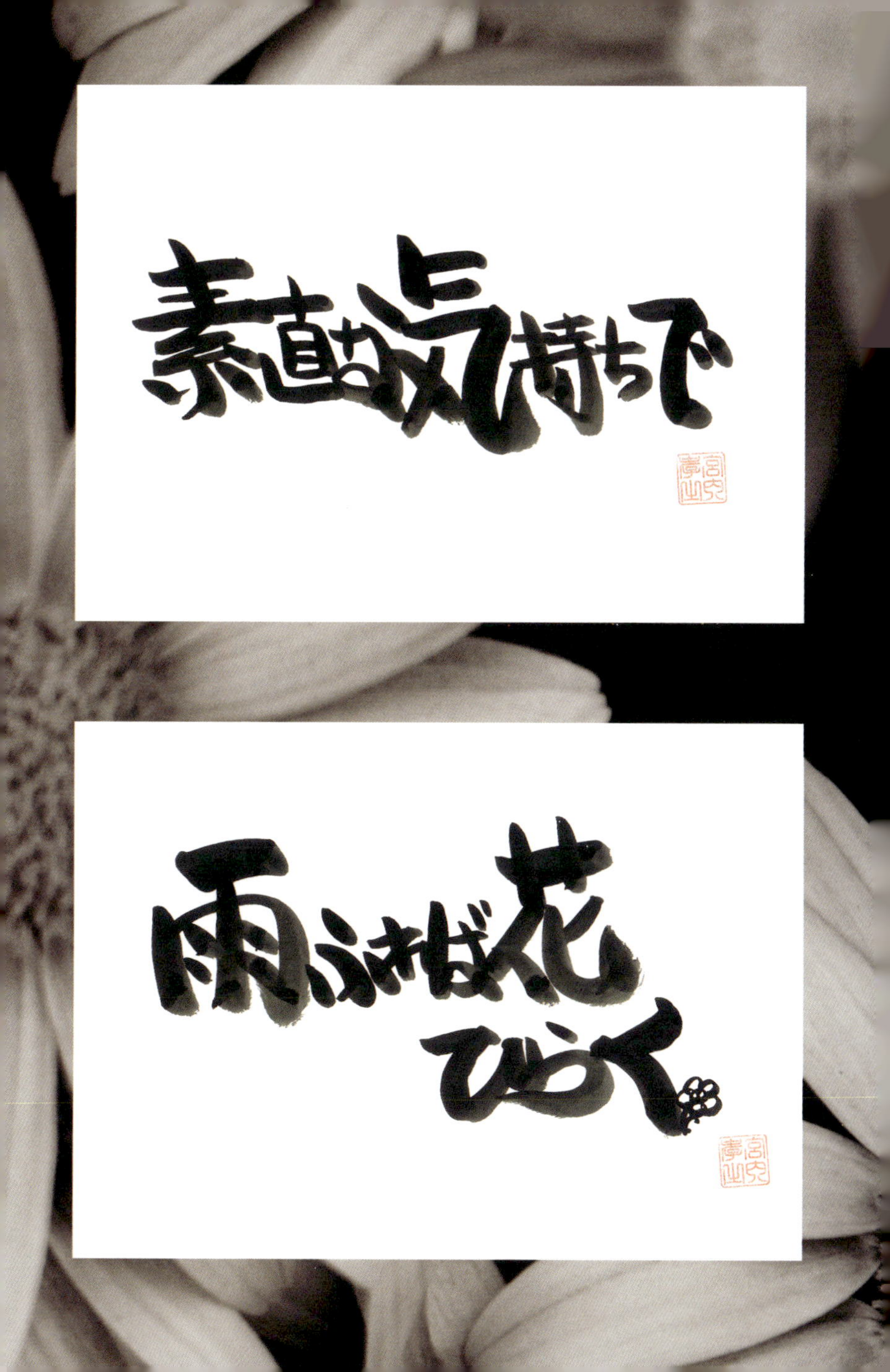
素直な気持ちで
雨ふれば花ひらく

幸せを呼ぶ
花風水
宮内孝之

幸せを呼ぶ
花風水
宮内孝之

笑いの中に
華がある

人生はあなたの
華の前にあり

幸せを呼ぶ
花風水
宮内孝之
幸せを呼ぶ
花風水
宮内孝之

華のある人生には
花がある

ありがとうあなたに
出会えた事

幸せを呼ぶ
花風水
宮内孝之

幸せを呼ぶ
花風水
宮内孝之

よ花悪華あはは

花の笑顔があなたに
明日をあたえます

幸せを呼ぶ
花風水
宮内孝之

幸せを呼ぶ
花風水
宮内孝之

運がある
それは花の運命

山の晴
あなたの前

幸せを呼ぶ

花風水

宮内孝之

幸せを呼ぶ
花風水
宮内孝之

1人では生きていけない
自然

花達みんなの力が
必要

幸せを呼ぶ花風水

宮内孝之

幸せを呼ぶ花風水

宮内孝之

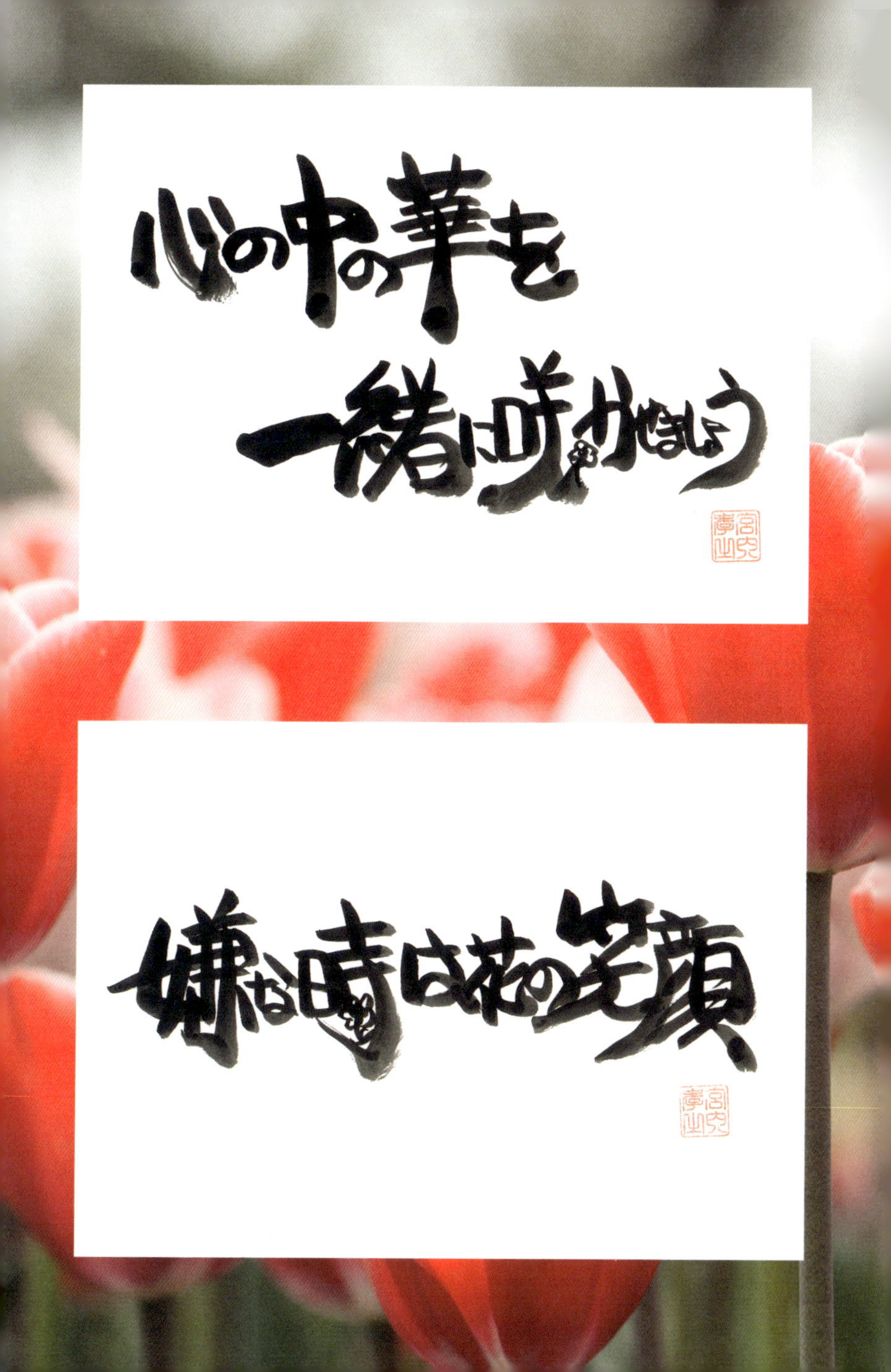
心の中の華を一緒に咲かせましょう
嫌な時は花の笑顔

幸せを呼ぶ 花風水

宮内孝之

幸せを呼ぶ 花風水

宮内孝之

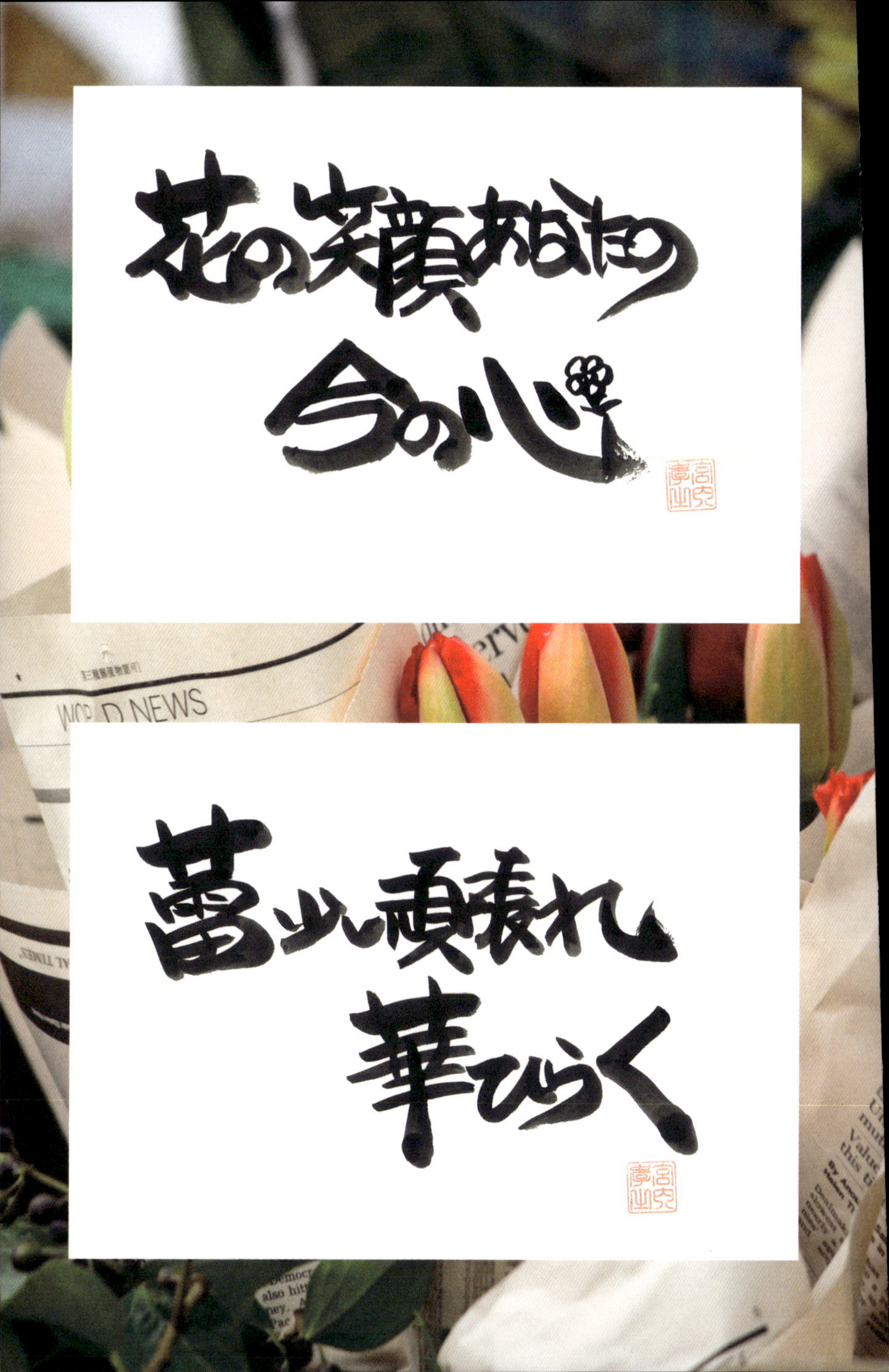

花の笑顔あなたの
今の心

蕾も頑張れ
華ひらく

幸せを呼ぶ
花風水
宮内孝之

幸せを呼ぶ
花風水
宮内孝之

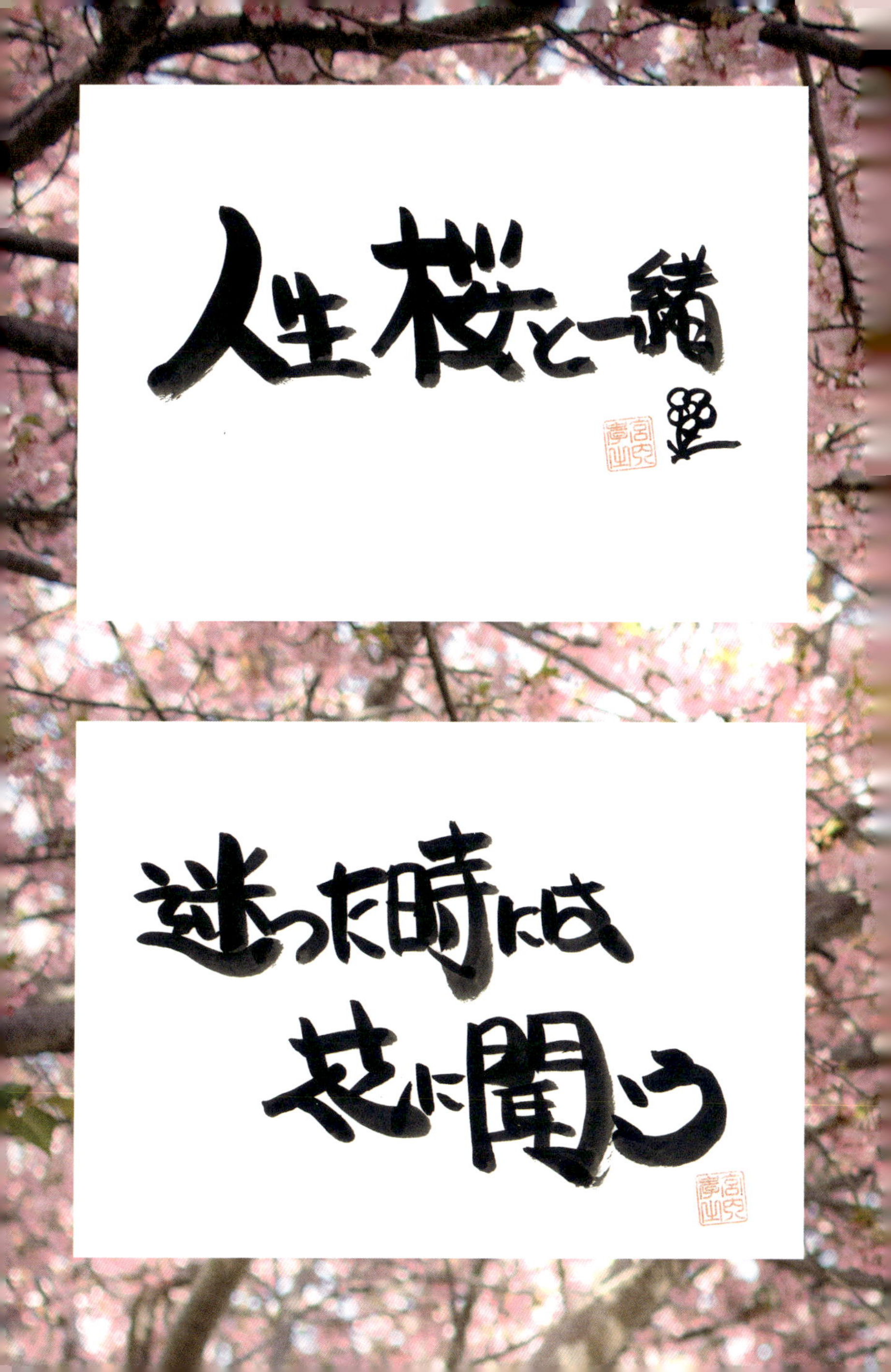
人生桜と一緒
迷った時には
花に聞こう

幸せを呼ぶ花風水

宮内孝之

幸せを呼ぶ花風水

宮内孝之

人生一度
華のある人生

今日とゆう日に
ありがとう

幸せを呼ぶ 花風水

宮内孝之

幸せを呼ぶ 花風水

宮内孝之

思い太陽にむかって
ひまわり達と
今迄のひまわりと

幸せを呼ぶ

花風水

宮内孝之

幸せを呼ぶ
花風水
宮内孝之

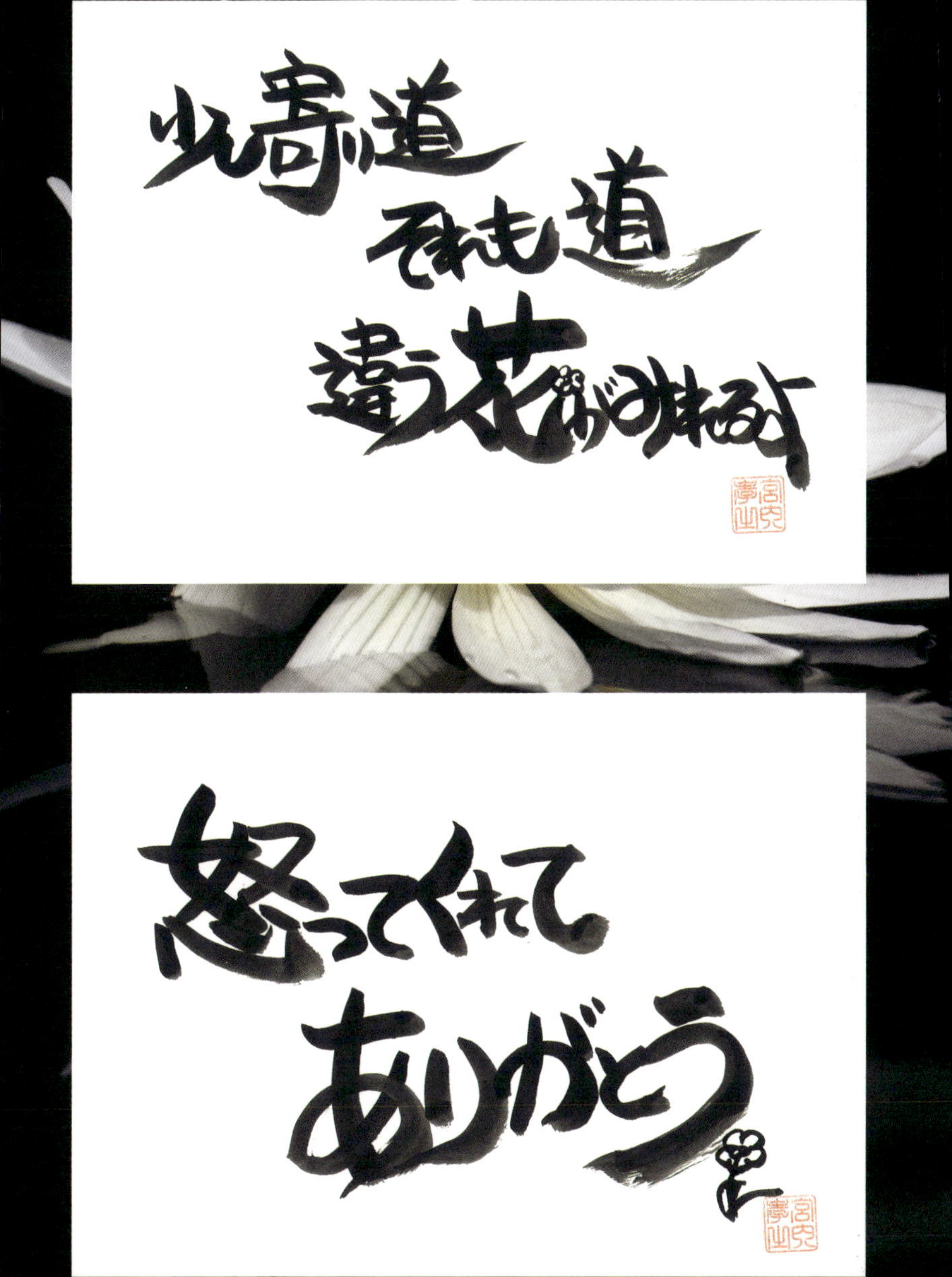
少し寄り道
それも道
違う花がみれるよ
怒ってくれて
ありがとう

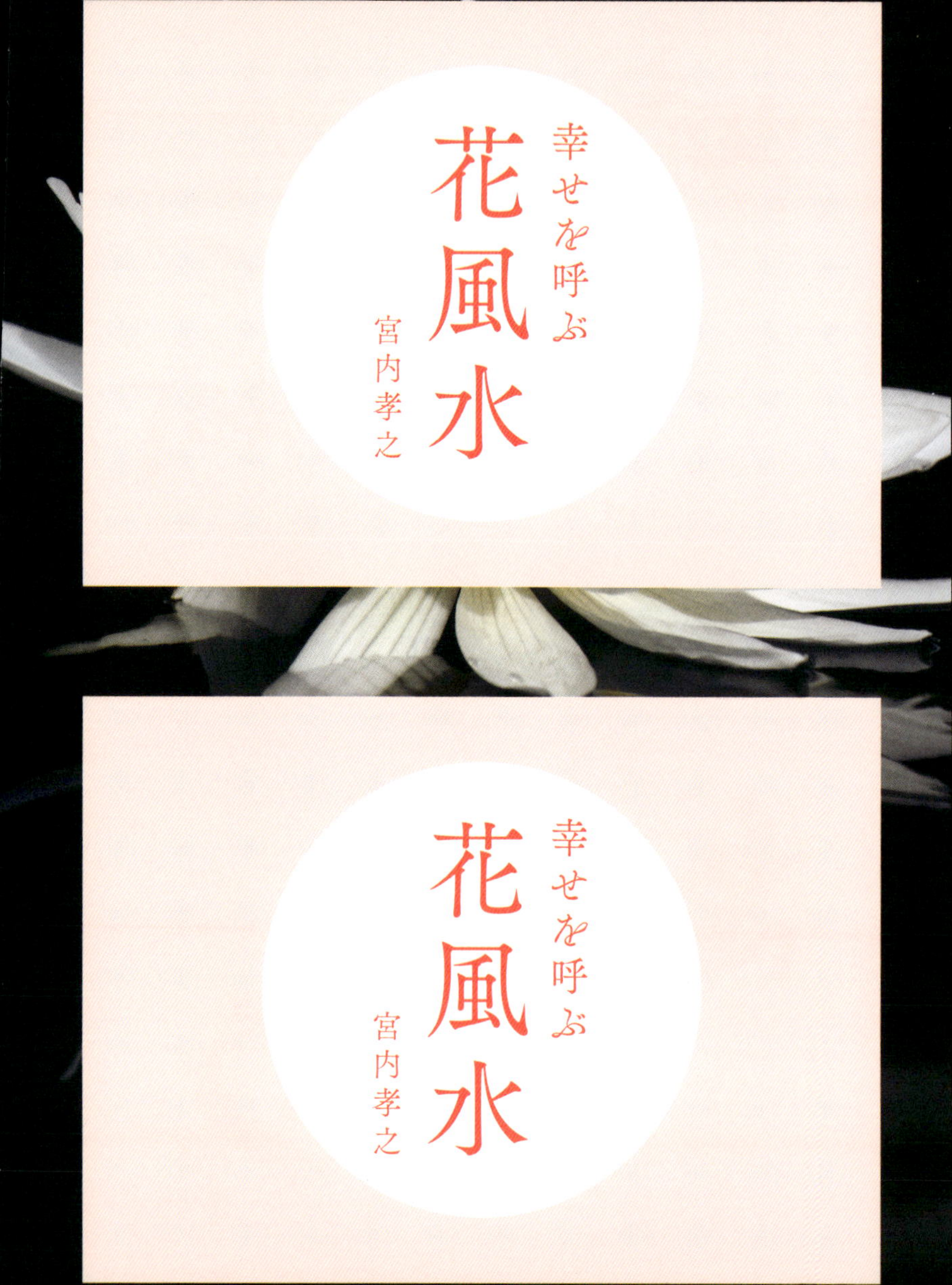
幸せを呼ぶ
花風水
宮内孝之
幸せを呼ぶ
花風水
宮内孝之

あたり前な事に
ありがとう

親の気持ち
今わかる瞬間

幸せを呼ぶ
花風水
宮内孝之

幸せを呼ぶ
花風水
宮内孝之

情熱的な時
素敵な顔

思った時に走り出せ

幸せを呼ぶ 花風水

宮内孝之

幸せを呼ぶ 花風水

宮内孝之

おわりに

今まで本当に色々な方々のおかげで、ここまで来られた事に感謝です。
また横でいつも見守ってくれている妻に一番感謝の気持ちです。
これからもまだまだ挑戦して夢に向かいたいと思います。

著者プロフィール

宮内 孝之（みやうち・たかゆき）花飾人・華道家

大阪府吹田市出身。母親の影響で、幼少期から花とふれあう。
1984年 テレビ関係・花業界 生け花の先生に弟子入り。生け花、フラワーデザインを学び、夜は定時制高校にて勉学に励む。
1988年 全国バラ飾人大会にて優秀賞受賞。市場花コンテストにて優秀賞受賞。
1992年 オーストラリアに渡りアメリカン・ヨーロピアンの修行に努める。花・緑の生産者を15カ所回り、帰国。
1998年 日本各地で世界の花・緑を使い空間演出 空間装飾『花の総合プロデュース会社ポチ』を設立。
2000年 淡路島花博空間演出。
2002年 庭師の石原和幸に弟子入り、花・緑の総合空間プロデュースを開始。
2008年 ヨーロッパ各地にて修行。今までにない花のコラボレーション活動を模索。自らいけた花を自ら撮影する写真家としても活動。ミヤネ屋出演、ルクセンブルク・フランス（パリ）にてCM撮影 花演出。
2009年 日米会談にてオバマ大統領宛に花の薔薇絵を贈呈・伊勢神宮花いけ。
2012年 イタリア（ミラノ）にて花空間装飾と日本舞踊を舞いながらフラワーライブショー開催。
2014年 アメリカ（ニューヨーク）にてデザイナーと薔薇絵コラボ個展開催。
2016年 タイ（バンコク）にてフラワーライブショー出演。ロシア領事館にてフラワーライブショー出演。
2017年 アメリカ（ロサンゼルス）にてフラワーヘアーメイクショー出演。中国（上海）にてフラワーライブショー出演・花講義。著書『魔法の花風水』（青月社）出版。
現在、花・緑を使い空間演出、装飾（イルミネーション・LED・映像）、フラワーライブショー、フラワーヘアーメイクショーなど国内・海外にて活動中。

また、メンタルトレーナーとして『脳と花』『誰でもすぐにプラス思考』『なぜここに花・緑が必要か　花風水鑑定』をテーマに講演活動中。

夢は、花緑で世界中の人々が笑顔に、最高に幸せになること。

宮内孝之公式ホームページ
https://www.takayukimiyauchi.com/

（社団）日本花風水鑑定士協会ホームページ
https://www.hanafuusui.com/

Special thanks to:

編集協力
岩谷洋昌（H&S株式会社）

写真協力
中谷モネトゥー
フリー素材ぱくたそ（www.pakutaso.com）

幸《しあわ》せを呼《よ》ぶ花《はな》風水《ふうすい》

二〇一九年（令和元年）五月六日　初版第一刷発行

著　者　宮内 孝之
発行者　伊藤 滋
発行所　株式会社自由国民社
東京都豊島区高田三―一〇―一一
〒一七一―〇〇三三　http://www.jiyu.co.jp/
振替〇〇一〇〇―六―一八九〇〇九
電話〇三―六二三三―〇七八一（代表）

造　本　JK
印刷所　横山印刷株式会社
製本所　新風製本株式会社